quastenflosser

Ilse van Staden

quastenflosser
Gedichte

aus dem Afrikaans
von Peter Constantine

freigeist

Übersetzung einer Auswahl von Gedichten aus dem Afrikaans erschienen in Ilse van Staden, Watervlerk © 2003 Tafelberg; Fluisterklip © 2008 LAPA Uitgewers; Die dood is 'n mooi blou blom © 2009 Pandora Boeke; Waar die oog van stil word © 2016 Protea Boekhuis; verveertaal © 2023 Imprimatur Uitgewers

Wir bedanken uns bei den südafrikanischen Verlagen für die freundliche Bereitstellung der Übersetzungsrechte.

Die Gedichte „wüste", „mord", „here be dragons" und „das fehlen von wasser" erschienen erstmals in *Sinn und Form*, Heft 3/2024.

Die vorliegende Übersetzung wurde mit der finanziellen Unterstützung durch den PEN Afrikaans Translation Fund ermöglicht. / This publication has been made possible with the financial support from the PEN Afrikaans Translation Fund.

Sämtliche Gedichte von Ilse van Staden

Übersetzung: Peter Constantine unter Mitarbeit von
Hannes Schumacher und Daniel Keet

Lektorat: Felix Miericke

Satz: Hannes Schumacher

Coverdesign: Katerina Rotoli

Coverbild: Ilse van Staden

ISBN: 978-3-947764-08-2

www.freigeist-verlag.net

Inhaltsverzeichnis

terugkeer

ai, dat daar weer visse deur my tuin kon swem!

statig soos walvishaaie, gespikkelde pasifiste,
of goudvisse verlos uit klein glaskoepels
soos gousblomme tussen rankers deur
miskien 'n selakant of twee –
hier was millennia terug 'n meer, 'n see,
as mens die klipgeskiedenis kan glo.

klip, huis, herkoms,
alles gaan 'n ewigheid terug,
ek kyk soos die ou, ou filosowe
vorentoe die verlede in en oor my rug
breek golwe van môre, oormôre, ander jaar.

tussen erdwurms versamel daar
by skelette van leviatans, serpentyne
en ander uitgediende diere se beendere
uiteindelik ook myne.

rückkehr

ach, wenn nur wieder fische durch meinen garten schwimmen könnten!

majestätisch wie walhaie, gesprenkelte pazifisten,
oder goldfische aus kleinen glaskuppeln gerettet,
wie ringelblumen durch schlinggewächs,
vielleicht ein quastenflosser oder zwei –
hier war vor jahrtausenden ein see, ein meer,
wenn man der steingeschichte glauben kann.

stein, haus, herkunft,
alles geht eine ewigkeit zurück,
ich schaue wie die alten, alten philosophen
nach vorn in die vergangenheit und über meinem rücken
brechen die wellen von morgen, übermorgen, anderen jahren.

zwischen regenwürmern sammeln sich
skelette von leviathanen, serpentinen
und knochen anderer veralteter tiere,
schließlich auch meine.

op reis in 'n huis na die dood

die orkes het blykbaar aanhou speel,
dus is dit heel gepas dat ek met Mozart hierdie oomblik deel
wanneer die huis skielik haar ankers lig
en lostrek uit die rots

die kettings breek,
voëls slaan verontwaardig op vlug,
erdwurms tuimel tussen kluite in
en versigtig
rig die huis haar boeg by buitekamer en rotstuin verby

deur die poortvensters sien ek
hoe die ou kareeboom gedwee sy wimpels wuif
vir ons eenmaal-in-'n-leeftyd nooiensreis.

auf einer reise in einem haus richtung tod

das orchester spielte offenbar weiter,
daher ist es auch angemessen, dass ich diesen moment,
in dem das haus plötzlich seinen anker lichtet
und sich vom felsen losreißt, mit mozart teile

die ketten brechen,
vögel flattern verärgert empor,
regenwürmer taumeln zwischen erdklumpen
und vorsichtig richtet
das haus seinen bug gen schuppen und steingarten

durch die luken sehe ich,
wie der alte kareebaum sanftmütig mit seinen fahnen winkt
für unsere im leben einmalige jungfernfahrt.

mens kan nie

mens kan nie as die see so lyk
soos 'n metaalskrootwerf in die eerste son
waag om jou rug te draai nie
want 'n engel kan val,
stukkies souterige dons tussen die golwe,
sonder dat jy dit sien.
dus, pleeg jou poeëm in die sand
(foster-parent to a poem)
tussen die slakke bloublasies seebamboese
sodat jy die see nog dop kan hou:
miskien plons 'n engel weer
en kan jy later, stadige skriba, skryf
met die ligpunt van sy veer.

wage nicht

wage nicht, wenn der ozean wie ein schrottplatz
in der morgensonne glänzt,
ihm den rücken zuzukehren,
denn ein engel könnte fallen,
salzige federfusseln zwischen den wellen,
ohne dass du ihn siehst.
also, gelobe dein gedicht dem sande
(foster-parent to a poem)
unter schnecken giftquallen meeresbambus,
damit du weiterhin den ozean beobachten kannst:
vielleicht plumpst wieder ein engel ins wasser
und du, langsamer schreiber, kannst später
mit dem lichtpunkt seiner feder schreiben.

selakant

hoekom het die selakant
nooit die see verlaat nie,
hy wat tog voetig is –
wat is die sin
van eeue lank vertoef
in skub en vin
as wyer plekke wink?
ek dink daar is 'n ander sy
aan hierdie waterblyery,
dat mens koelbloedig lief kan raak
vir donkertes, en dryf
in die primale prut
se veilige vertroeteling.
in elk geval
so diep kan visse swem
dat selfs die selakant
soms met voeterige vinne
op die land
se verdrinkte lyf kan loop.

quastenflosser

warum hat der quastenflosser
niemals den ozean verlassen,
obwohl er befußt ist –
weswegen verweilte er
jahrtausende lang
in schuppen und flossen,
obwohl ferne gebiete lockten?
ich glaube, es gibt noch eine andere seite
jenes wasserausharrens:
dass man sich kaltblütig
in die dunkelheit und das dahintreiben
verlieben kann
im sicheren wohlbehagen
des urzeitlichen brodelns.
auf jeden fall
können fische so tief schwimmen,
dass sogar der quastenflosser
manchmal mit füßigen flossen
über den ertrunkenen leib der erde
schreiten kann.

heiligdom

daar is nou ander weide om my huis,
ander veld en koeie:
net die heiliges
mag nou hul tonge
om my tuin se grasse knoop
en afpluk teen 'n skerp gebit.

daar mag op hierdie grond
geen oningewyde vreter
meer 'n hoef neersit.

heiligtum

es gibt jetzt andere weiden um mein haus herum,
andere wiesen und kühe:
nur die heiligen
dürfen jetzt ihre zungen
um die gräser meines gartens knüpfen
und sie pflücken mit ihrem scharfen gebiss.

kein uneingeweihter fresser
darf je seinen huf auf dieses land setzen.

Little Foot

kom trap, klein voetjie, in my palm
dan breek ek jou uit die klip:

kyk, hier trefseker in my hand
die beitel wat jou ontbloot
van kneukels tot bekkenbeen,
skedel teen die grond versteen
wat millennia terug jou val moes stuit
en later so half luisterend vasgegroei
toe jy nie weer kon uit nie.
die breccia om jou skouers brokkel,
soos wat jy uit die grotklip glip.

is dit, klein halfmens sonder stem,
jou ongeskrewe klipskrif, jou storie uit die rots –
moet mens jou só tot onsterflikheid kan stort?

Little Foot

komm trete, kleiner fuß, in meine handfläche,
dann breche ich dich aus dem stein:

schau, hier treffsicher in meiner hand
der meißel, der dich von den knöcheln
bis zum beckenknochen freilegt,
schädel versteinert gegen den boden,
der deinen fall vor jahrtausenden aufhielt,
wo er dann halb hinhörend festwuchs,
als du nicht mehr wegkonntest.
das brekziengestein um deine schultern zerbröckelt,
wie du aus dem höhlenfelsen rutschst.

ist das, kleiner halbmensch ohne stimme,
deine ungeschriebene steinschrift, deine geschichte aus dem felsen –
sollte man dich so in die unsterblichkeit stürzen können?

verweer

klippe is nie vir ewig nie,

klippe kan ook onbeskut wees
en met skugter skouers wegdeins,
weerloos wordende asems
wat snak teen wind en weer.

klippe se hande is hulpeloos
swaar in die aarde vasgeknel,
selfs rots en berge bly nie bestand
teen die beitelende woord nie,
en stilte is onvoldoende verweer –
mettertyd moet klippe
ook maar verbrokkel.

abgerieben

steine sind nicht für die ewigkeit

steine können auch ungeschützt sein
und mit schüchternen schultern zurückzucken,
wehrlos werdende atemzüge,
die gegen wind und wetter keuchen.

die hände der steine sind hilflos
schwer in der erde eingeklemmt,
selbst felsen und berge halten
dem meißelnden wort nicht stand,
und stille ist kein ausreichender schutz –
mit der zeit müssen steine zerbröckeln.

wat het geword van ikarus

ek skryf nie graag met vere nie
maar dit is al wat oor is

en inkvisse raak al duurder
maar dit is al wat hier is

dié nat plek waar ek nou verrot
'n *has-been* bedremmelde mite-mot

dis al wat oor is
van ikarus

was ist aus ikarus geworden

ich schreibe ungern mit federn
aber das ist alles was übrig ist

und tintenfische werden teurer
aber das ist was da ist

dieser nasse ort an dem ich jetzt verrotte
eine wirre *has-been* mythenmotte

ist alles was übrig ist
von ikarus

bou jou skip

bou jou skip van drome, jou vlot van taal
om deur die silwer vloed te vaar,
jou skuit uit ysterhout gekerf,
die ark waarmee jy veertig jaar
deur vloede en droogtes moet dryf
met aan boord die beendere,
die vel en weefsels in botteltjies bewaar –

gerugte van eenhorings, fenikse en selakant,
drake en dinosourusse, basilisk en narwaltand

bou jou boot van beenwit woorde,
laat sak jou hoek vir die droomvis
wat jy van nou af daagliks op moet dis.

bau dein schiff

bau dein traumschiff, deine sprachflotte,
um durch die silberne flut zu segeln,
dein boot aus eisenholz geschnitzt,
die arche, mit der du vierzig jahre lang
durch überschwemmungen und dürren musst treiben
mit all den knochen an bord,
haut und gewebe in flaschen bewahrt –

gerüchte über einhörner, quastenflosser und dinosaurier,
drachen und phönixe, basilisken und lepidosaurier

bau dein boot aus knochenweißen wörtern,
wirf den haken dem traumfisch nach
und fang ihn täglich mit fried und gemach

moor

hier wil ek geen giwwe hê nie,
geen massamoord met korrels of dodelike druppels nie,
geen lokaas by ’n nes of growwesout vir slakke nie
dit laat my slapeloos –
ek wil persoonlik moor:

tussen my vingers druk ek plantluise plat
en trap ’n snywurm tot murgerige moes,
onkruid erd ek op en knak ’n knapsekêrel se stekelkop
die stomp wat aanhou woeker
takel ek met byl en graaf totdat dit eindelik tuimel –
’n olifant wat weke later benerig breek,
die spreeu wat in my nok kom nes, verwilder ek
en draai die kuikentjies se dun nekkies om,
in ’n waterbak verdrink ’n duisend miere.

eendag wanneer kanker of koors deur my are kruip,
hou dan my hande terug,
bêre die grawe, die lemme en goed,
en bring maar
die gif.

mord

ich will keine gifte,
keinen massenmord mit tödlichen körnern oder tropfen,
keinen giftköder vor einem nest oder grobes salz gegen schnecken,
all das macht mich schlaflos –
ich selbst möchte morden:

zwischen meinen fingern drücke ich blattläuse platt
und stampfe einen wurm zu schlammigem brei,
ich rupfe unkraut aus und haue den blütenkopf einer aster ab,
den baumstumpf, der weiterwächst,
gehe ich mit axt und schaufel an, bis er schließlich fällt –
ein elefant, der wochen später knochig zerbröckelt;
den star, der in meiner giebelspitze nistet, verscheuche ich
und drehe den küken die dünnen hälse um,
ein tausend ameisen ertrinken in einem wasserbecken.

eines tages, wenn krebs oder fieber durch meine venen quillt,
dann halte meine hände zurück,
verstecke die schaufeln, die messer, die klingen.
und bring mir
das gift.

woestuin

’n tweede winter van misnoeë –
vandat sy weg is, dwaal ek deur die tuin

nog ’n winter van verwaarlosing
van stof en nadenke, van droë grond,

vandat sy weg is, dié woestyn
van nukkerige woorde en verknotte groei
vroeë botsels vaalgeryp aan takke
onkruid wat onversteurd deur alles kruip
en aan die mure merke
waar ’n klimop voor die winter moes wyk

nog ’n winter se verjaring
en Juliemaand is weg
maar nóg blom die perske
nóg die jasmyn

ek tree uit die woesteny
ek maak die hekkie toe
en trek die winterbaadjie dig om my.

wüste

ein zweiter winter des unmuts –
seitdem sie weg ist, wandere ich durch den garten

noch ein winter der vernachlässigung,
des staubes und überdenkens, des trockenen bodens

seitdem sie weg ist – diese wüste
aus mürrischen worten und schiefem wachstum,
frühe knospen blassreif auf zweigen,
unkraut, das ungestört durch alles kriecht,
und an den wänden spuren,
wo efeu dem winter weichen musste

noch ein winterlicher jahrestag
und der südhemisphärische juli ist vorbei,
aber weder der pfirsich blüht
noch der jasmin

ich trete aus der wildnis,
ich schließe das tor
und zieh fest die winterjacke um mich.

deur

sê jy wat die hamer in een hand hou
sê jy blatant en onbeskaamd
dat hierdie oopmaak met omsigtigheid moet geskied
geen koeëls deur kerke nie
open sesame is goed genoeg
want hout verstaan soos bome nog
die sagte sê
die twyfelwoord se toorkrag
sonder byl of beitel.

tür

du der den hammer in der einen hand hält
du sagst glattweg und schamlos
dass diese öffnung mit vorsicht erfolgen muss
keine kugeln durch kirchen geschossen
sesam öffne dich ist gut genug
weil holz versteht immer noch so wie die bäume
den leisen spruch
das zauberwort des zweifels
ohne axt oder meißel.

stil-skap

om 'n landskap van stilte te skryf vir die oog van die vermoeide
las asemloos aanmekaar:
winterligtewindbloulug

still-schaft

um eine landschaft der stille für das auge der müden zu schreiben
flicke atemlos zusammen:
winterleichtwindblauerhimmel

slakkesibilant

slakke sit nie stil nie
hul gly eenvoudig
veellettergrepig
gesillibeerd sibilant
en onvoorspelbaar slymend
in patrone en paadjies om
in ruwe klankgrepe
liploos voetfoutloos
tongverdraai vorentoe
los te kom

schneckensibilant

schnecken halten nicht an
sie gleiten einfach
mehrsilbig
syllabiert sibilant
und unvorhersehbar schleimig
in mustern und pfaden um
in rauen klangfragmenten
lippenlos fußfehlerfrei
zungengebrochen nach vorne
zu entweichen

patrone van stilte

waarom mure plekke van stilte is.
waarom stiltes patrone maak op matte.
die skemer duur en duur deur geel glasruite
geriffelde lig in glas gestol.

die skemer raak swaar en stil.
die mure onder my hande weef en spin
patrone van matte op die stilte buite
die lig sterf stadig in toiings van wolke.

wolke wat plekke van stilte is.
mure en ruite sluit dig teen die donker
lig is die nag se lê hierbinne
hier op die stiltes van ou tapyte.

muster der stille

warum wände orte der stille sind.
warum die stille muster auf teppiche macht.
die dämmerung verharrt durch gelbe fensterscheiben,
das gewellte licht im glas erstarrt.

die dämmerung wird schwer und still.
unter meinen händen weben und spinnen die wände
teppichmuster auf die stille draußen,
das licht erlischt langsam in den wolkenstreifen.

wolken, die orte der stille sind.
wände und fenster verschließen sich gegen die dunkelheit.
licht ist das bett der nacht hier drinnen,
hier in der stille alter teppiche.

here be dragons

hier is inderdaad drake –
hier in ons huise en tuine,
hier waar die laatmiddag stuiptrek en omkom
en stof word vir môre se maaiers.
hier in die koninkrykies wat ons ons s'n noem
tussen die teekoppies, die kikoejoe en die tv
slinger die warm asems soms om ons bene
sodat ons sug en die vensters wyer oopgooi vir wind,
hier waar ons kinders met klippies speel,
hier is
drake.

here be dragons

hier gibt es tatsächlich drachen –
hier in unseren häusern und gärten,
hier, wo der späte nachmittag verkrampft und stirbt
und zu staub für die maden von morgen wird.
hier in den kleinen königreichen, die wir unser eigen nennen,
zwischen den teetassen, dem kikuyugras und dem fernseher
schwingen die heißen atemzüge manchmal um unsere beine,
so dass wir seufzen und die fenster weiter aufreißen für den wind,
hier, wo unsere kinder mit steinen spielen,
hier gibt es
drachen.

gedig aan't kom

om van binne af uit te broei,
om die skerp spits stadig te stu
deur trae viskose water,
ryk en warm van woorde
soos die glibbervloei van eiwit
wat om en verneukend om bewussyn vou
sodat mens daardeur moet beur en stoei:
in hierdie embrioniese bed
snak iets na lewe, net-net herkenbaar
pols wisselvallig aritmies, snak
om nóu na buite oop te breek
en asem te skep (die lig, die lig!).
maar die aarde is georden en geduldig.
hoop lê lank en wag
vir die uiteindelik
tydelik ademlose rypheid
waarmee die eerste woorde spits
deur trommelvliese stoot.

ein gedicht kommt an

um von innen nach außen zu schlüpfen,
um die scharfe spitze langsam durch träges,
viskoses wasser zu drücken,
reich und warm an wörtern,
wie der glibberstrom von eiweiß
sich betrügerisch um das bewusstsein schlingt,
sodass es sich durchkämpfen und vorstoßen muss:
in diesem embryonalen bett
sehnt sich etwas nach leben, gerade so erkennbar,
pulsiert in unregelmäßiger arrhythmie, keucht,
um dann nach außen hinauszubrechen,
nach atem schnappend (das licht, das licht!).
aber die erde ist geordnet und geduldig.
hoffnung liegt lange und wartet
auf die endlich
vorübergehende atemlose reife,
woraufhin die ersten worte sich spitz
durch das trommelfell drücken.

vlam

is dít vuur –
dié goue vormlose vlammetjie
wat wegwaai
as ek woorde daaroor blaas?
so klein
dat ek dit met twee vingers
om die pit
eenvoudig dood kan druk,
kan spoeg of snuif of blaas.
ek tart die flikkertong
se onbenulligheid, 'n kwas se warm lek
aan vlees en water, lug.
ek lag en draai my rug.
toe knip die draak sy oog.

flamme

ist das feuer –
die goldene, formlose flamme,
die erlischt,
wenn ich wörter über sie blase?
so klein,
dass ich sie einfach mit zwei fingern
an ihrem docht
zu tode drücken kann,
oder spucken oder aushauchen oder pusten.
ich spotte der flackernden zunge
nichtigkeit, das heiße lecken eines pinsels
an fleisch und wasser, luft.
ich lache und wende mich ab.
der drache zwinkert.

borsharnas

daar is pantsers getimmer teen vrees,
harnasse van klank en klip,
binnestebuite karapakse van kewers
vasgegroei teen my borskas soos 'n skild
en uit my bladbene ontsnap
soos blaartjies uit 'n saad se skubbe
iets wanskapig en vermink,
want binne klou kloue uit my binneste
aan karapaks en harnas vas
binne bloei dit,
binne bloei dit spierspierwit.

brustgurt

es gibt rüstungen, die gegen die angst gehauen sind,
gurte aus schall und stein,
verkehrt gewachsene panzer von käfern,
gegen meine brust festgewachsen wie ein schild,
und aus meinen blattknochen entweicht
wie blätter aus den schuppen eines samens
etwas verformtes und verstümmeltes,
denn aus meinem innern klammern sich klauen
an panzer und rüstung,
innen blüht es,
innen blüht es muskelweiß.

droomfluistering

"speak Mother Earth before she speaks you"

spreek Moeder Aarde uit
voordat sy jou
soos 'n woord in haar mond vorm,
haar tong om jou klank vou,
in haar kies jou lede bêre,
jou inrol onder haar stemkleppe
soos onder klei.

traumflüstern

"speak Mother Earth before she speaks you"

sprich Mutter Erde aus
bevor sie dich
wie ein wort in ihrem mund formt,
ihre zunge um deinen klang wickelt,
in ihrem gebiss deine glieder aufbewahrt,
dich einrollt unter ihren stimmlippen
wie unter lehm.

probeerslag

'n klip kug, skud sy skouers
en skuif sy sinne reg,
dan, terwyl die aarde
twee ewighede wag om hom te hoor,
raak sy woorde stowwerig binnensmonds
weg

versuch

ein stein hüstelt, schüttelt seine schultern
und reiht seine sätze auf,
dann, während die erde
zwei ewigkeiten wartet, um ihn zu hören,
verschwinden seine worte in staubigem
nuscheln

reis

sê nou maar 'n gedig
is soos 'n boom op reis,
deur sy eie gewortelde stukkie land
tussen erdwurms en onkruid,
'n boom op drafstap
met sy vingers in die lig
se bladgroen asem

sê nou maar
dié boom ryloop
onverskillig en aspris
deur my sê-nou-maar-gedig

reise

stell dir vor ein gedicht
sei wie ein baum auf reisen,
durch sein eigenes verwurzeltes stück land
zwischen regenwürmern und unkraut,
ein hastender baum
seine finger in des lichtes
blattgrünem atem

stell dir vor
dieser baum fährt trittbrett
achtlos und rasend
durch mein stell-dir-vor-gedicht

droom

o droom
met net die sagste plons
laat ek jou teruggly in die poel

sonder om ŉ druppel te laat spat

jou skubbe flits maar ŉ oomblik in die oog
soos halfbemerkte lettergrepe
wat onvolledig woord word

jy glip terug in die stroom
jy's weg

jou stil blink lyf wat ek later
tussen biesies gewaar
is net ŉ slim distorsie van lig
en ek gryp sonder sukses
na jou weerklank onder water terug

traum

oh traum
mit dem sanftesten plätschern
lass ich dich in den tümpel zurückgleiten

ohne dass ein tropfen spritzt

deine schuppen blitzen nur für einen moment im auge
wie halbbemerkte silben
die ein unvollständiges wort werden

du rutschst zurück in die strömung
du bist weg

dein ruhiger glänzender körper den ich später
zwischen binsen erspähe
ist nur eine listige lichtverzerrung
und ich greife ohne erfolg
zurück zu deinem unterwasserecho

grotpoel

dit is 'n wonder
dat stilte so kan drup:
dat jy kan hoor
hoe in 'n klein grotpoel

donker en byna-

byna roerloos
stilte soos stalaktiete
uit die dak
uit drup
langsaam losglip

poel en vloei
totdat 'n woord
swiep en
flits en

soos 'n vis verdwyn
tussen druppels deur
die donker in.

grottenteich

es ist ein wunder
dass stille so tropfen kann:
dass man hört
wie in einem kleinen grottenteich
dunkel und fast –

fast bewegungslos

stille wie stalaktiten
aus der wölbung
heruntertropft
langsam entfließt

sich sammelt und strömt
bis ein wort
rauscht und
funkelt und

wie ein fisch zwischen tropfen
in der dunkelheit
entschwindet.

in die begin

eiers is hoenders ver voor
voor voëls en pterodaktiele
voor dinosourusse, reptiele
voor paddas, salamanders, selakante
was eiers selfs voor visse daar
en is die hele kosmiese katastrofe
van min en onmin
van stryd en strewe
van mens en dier en god
uit één orfiese eier gebaar
eiers is alles ver voor

am anfang

eier sind hühnern weit voraus
vor vögeln und pterodaktylen
vor dinosauriern, reptilien
vor fröschen, salamandern, quastenflossern
eier gab es sogar vor fischen
und die ganze kosmische katastrophe
von konsonanz und dissonanz
von streit und streben
von mensch und tier und gott
ist aus einem orphischen ei geboren
eier sind allem weit voraus

kamerorkes, 'n oefening

drie muurhorlosies tik sinkopaties
asem in, asem uit
hou eers metronomies tyd

'n deur kraak oop, kraak toe
tromslag
voetstappe val in
'n ketel suis en sing
en klik
dan af

sag neurie iemand
buite 'n swerm voëls uit pas –
bakkies rinkel, 'n kat spin
en skemer sluip die kamer in

kammerorchester, eine probe

drei wanduhren ticken synkopiert
atmen ein, atmen aus
halten zunächst die metronomische zeit

eine tür knarrt auf, knarrt zu
trommelschlag
schritte setzen ein
ein wasserkocher zischt und singt
und klickt
dann aus

draußen außer takt ein vogelschwarm
schüsseln klimpern, eine katze schnurrt
ein leises summen, ein leiser jammer
die dämmerung sickert in die kammer

só 'n naam

vir Ms. Casuarina Bird

ek het jou verbeel as swaar en donker
(iemand met só 'n naam)
miskien 'n geelstertswartkaketoe
met skerp, swaar snawel
wat in kasuarisbome hou
of dalk dié loopvoël self
sku in die digte reëngroei van woude
met die pterodaktielkuif
en rooi neklelle op blou
vere soos dennenaalde
(of hoogstens 'n swart swaan)

maar nou
is jy so blond en lig
soos son deur palmblare
soos die sibilante buitelyn
van 'n lepelaar of reier
(of hoogstens 'n swaan, 'n witte)

mý naam is bloot herkoms
'n stukkie aarde om op te staan
maar joune
joune is 'n komvandaan

so ein name

ich habe mir dich schwer und dunkel vorgestellt
(jemand mit so einem namen)
vielleicht ein gelbohr-rabenkakadu
mit scharfem, schwerem schnabel
der sich in kasuarbäumen aufhält
oder vielleicht jener flugunfähige vogel
scheu im dichten regengewächs der wälder
mit pterodaktyluskamm
und rote halslappen auf blau
federn wie tannennadeln
(oder höchstens ein schwarzer schwan)

aber siehe da
du bist so blond und hell
wie sonne durch palmenblätter
wie der zischende umriss
eines löfflers oder reihers
(oder höchstens ein schwan, ein weißer)

mein name ist einfach herkunft
ein stück erde, auf der man stehen kann
aber deiner
deiner ist von dort, woher du kommst

sterf

sterf is 'n sagte neerlê-woord
wat stemloos tussen lippe deurglip
soos asem soos
         oggendmis oor 'n rivier
die sussende wegpof uit 'n keel –
groot droewe poel se dryf en swerf

doodgaan is 'n werk-woord
onsentimentele aktiwiteit
die werklikheid van:
toe (dag en datum) was jy nog hier
maar nou is jy afgeteken, lêer gesluit
en, swart op wit,
jou onthou deurgetrek op die papier

sterben

sterben ist ein sanftes, niederlegendes wort
das stimmlos zwischen die lippen gleitet
wie ein atem wie
        morgennebel über einem fluss
der stillende hauch aus einer kehle –
das treiben und wandern eines großen, traurigen teiches

sterben ist ein zeitwort
unsentimentale tätigkeit
die realität von:
am (tag und datum) warst du noch hier
aber jetzt bist du abgemeldet, die akte geschlossen
und, schwarz auf weiß,
die erinnerung an dich auf dem papier durchgestrichen

winterreën

die mis het die horison uitgewis –
bote dryf ongeanker soos meeue in die lug
en van my voete af tot by die hemel
is één groot grysblou niks

winterregen

der nebel hat den horizont weggewischt –
boote treiben unverankert wie möwen in der luft
und von meinen füßen bis zum himmel
liegt ein großes graublaues nichts

nag

soms
selfs meer dikwels as wat jy dink
groei die eenuurverlatenheid

die vlymdun maän

soos 'n haak
waaraan karkasse hang
vir rypword
of soms
verrotting.

nacht

manchmal
öfter als man denkt
wächst die einuhrmorgenseinsamkeit

der messerdünne mond

wie ein haken
an dem kadaver hängen
zum reifen
oder manchmal
zum faulen.

die afwesigheid van water

vyfuur op 'n oggend wat al winter kon wees
of tien oor vyf miskien,
onder blou lakens
wat soos seë rondom vaak kan kabbel,
lyk jou voete soos die van 'n vis
en visse kan nie slaap nie,
kan net oop-oë rus
in koue waters soos die oggend.
as die wind weer effe
uit poorte teen die gordyne dein,
kan jy jou verbeel dis golwe
wat soos die verkeer buite jou venster raas.
maar sonder die water
se wieg onder jou lyf
bly die slaap van twee-uur af al talm
terwyl jou drome wakkerder
as donderstorms word,
hier diep waar visse
die reën nooit voel nie.

das fehlen von wasser

um fünf uhr an einem morgen, kalt wie winter,
oder zehn nach fünf vielleicht,
unter blauen bettlaken,
die wie meere wallen können,
deine füße sehen aus wie die eines fisches
und fische können nicht schlafen,
können nur mit offenen augen ruhen
in wasser kalt wie der morgen.
wenn der wind wieder weht,
von den türen bis zu den vorhängen,
kannst du dir vorstellen, dass es wellen sind,
die wie der verkehr vor deinem fenster rauschen.
aber ohne wasserwiege
unter deinem körper
fehlt nach zwei uhr der schlaf,
während deine träume wacher
als gewitter werden,
hier in der tiefe, wo fische
nie den regen spüren.

selakant, weer

ek soek al weer na 'n vis met voete
onfunksionele vinnerige goete
'n frats van 'n vis, 'n gedrog,
'n seefossiel al eeue dood
en tog,
'n droomvis vir 'n skrywer
'n voetige vinnige diepseedrywer

quastenflosser, immer noch

ich suche immer noch nach einem fisch mit füßen
dysfunktionale flossige anhängsel
ein freak von einem fisch, ein monstrum,
ein meeresfossil seit millennien tot
und doch,
ein traumfisch für einen dichter
ein flottgefüßter tiefseebelichter

Nachwort des Übersetzers

Im Jahre 1647 umsegelte das niederländische Schiff Haarlem das Kap der Guten Hoffnung in Südafrika, als es in der Table Bay auf Grund lief. Den meisten Seeleuten gelang es, festes Land zu erreichen. Europäische Schiffe, die nach Ostindien segelten, hatten immer einen großen Bogen um das gefährliche Kap gemacht, aber das Schicksal zwang die schiffbrüchigen niederländischen Seemänner, fast ein Jahr lang ihr Lager dort aufzuschlagen, während sie auf ihre Rettung warteten.

Die Gestrandeten errichteten eine provisorische Siedlung, die sie, vielleicht etwas ironisch, Fort Zandenburgh (Fort Sandburg) nannten. Sie fingen mit Lassos wilde Kühe am Ufer des Salt River, jagten Pinguine auf einer Insel in der Bucht und begannen zunächst vorsichtig und dann energischer mit den indigenen Nomadenvölkern der Nama und Korana zu interagieren. Diese sprachen eine Vielfalt von untereinander unverständlichen Khoisansprachen mit verschiedenen Klicklautsystemen. So sehr sich die Niederländer auch anstrengten, konnten sie die komplexen Wörter nicht aussprechen. Wenn Sätze wie „Du wollen Tabak, ich wollen Fleisch" ausgetauscht wurden (was laut dem Tagebuch eines der gestrandeten Niederländer der Fall war), dann musste es in einem simplen Pidgin-Niederländisch sein, welches die Sprecher der verschiedenen Khoisansprachen leicht lernten, und nicht in einer der neunzehn indigenen Sprachen, die zu dieser Zeit am Kap gesprochen wurden.

Die Niederlande erfuhren bald, dass die Südspitze Afrikas ein Land des Überflusses sei, und innerhalb eines Jahres trafen die ersten niederländischen Siedler dort ein. Einige brachten ihre Frauen mit, andere ließen sich mit einheimischen Frauen nieder; Sklaven und Zwangsarbeiter wurden aus anderen Teilen Afrikas und Ostindiens zum Kap gebracht und innerhalb einer Generation entstand eine neue Sprache: Afrikaans.

Wie Hendrik van Reede im Jahre 1685 in seinem Tagebuch notierte, als ihn die Niederländische Ostindien-Kompanie zur Inspektion der ersten Siedlungen am Kap schickte: „Der Brauch der Niederländer hier am Kap besteht darin, den Einheimischen die niederländische Sprache beizubringen, und diese sprechen sie in einer sehr verzerrten und unverständlichen Weise, die wir dann nachahmen; die Kinder unserer niederländischen Siedler sprechen jetzt auf diese Weise und legen damit den Grundstein für eine gebrochene Sprache, die auf lange Sicht unmöglich auszurotten sein wird."

Sprachwissenschaftler bezeichnen Afrikaans als die jüngste Amtssprache der Welt, eine Sprache, die selbst nachdem sie 1925 in Südafrika den offiziellen Status erlangte, immer noch als ein heruntergestuftes „Hottentotten-Niederländisch" verspottet wurde, eine Sprache, die keine Sprache war, sondern eine grobe Mischung aus halbvergessenem Niederländisch, das durch afrikanische und andere ausländische Elemente weiter verwässert wurde. Als neue Amtssprache musste Afrikaans sowohl gegen Niederländisch als auch gegen Englisch ums Überleben kämpfen, doch dann wurde es 1948 durch eine unheilvolle Wendung des Schicksals von der Nationalistischen Partei Südafrikas als Symbol des weißen, rechtsgerichteten Afrikanertums übernommen. Die von der Partei eingeführte Rassentrennung ist international als „Apartheid" bekannt, das Afrikaans-Wort für „Getrenntheit". Von einem unterdrückten und verleumdeten Opfer war Afrikaans zu einer Sprache mit einem bevorzugten und geförderten Status in Südafrika geworden, ein Symbol der weißen Vorherrschaft, „die Sprache des Unterdrückers", wie der südafrikanische Erzbischof Desmond Tutu sie bezeichnete.

Mit dem Ende der Apartheid, so wurde allgemein vorhergesagt, würde auch Afrikaans untergehen. Aber zur Überraschung vieler hat Afrikaans einen Aufstieg und eine Blütezeit erlebt und neue und befreite literarische Formen angenommen. Es hat das Image abgelegt, das man ihm als Sprache einer weißen, nationalistischen Minderheit aufgezwungen hatte, und ist nach wie vor die Muttersprache von sieben Millionen Sprechern mit diversem Hintergrund, die weiterhin Afrikaans sprechen und schreiben.

Ilse van Staden stürmte die südafrikanische Literaturszene um die Jahrtausendwende, als Afrikaans noch immer eine unsichere Zukunft bevorstand. Als sie 2003 ihren ersten Gedichtband *Watervlerk* (Wasserflügel) veröffentlichte, wurde er als eines der bahnbrechenden Gedichtwerke der neuen Post-Apartheid-Ära gefeiert, welches die Afrikaans-Sprache und ihre Literatur in neue und mutige Richtungen lenkte. Wie aus den Gedichten in dieser ersten deutschen Ausgabe *quastenflosser* hervorgeht, ist Ilse van Staden keine politische Dichterin, doch in ihren Gedichten bemerkten Kritiker die inspirierte und gewagte Kreativität und Innovation ihrer Sprache, ein wichtiges linguistisches und literarisches Wiedererwachen für Afrikaans nach der jahrzehntelangen Unterdrückung der Apartheid, die die Afrikaans-Literatur eingeschränkt, reguliert und zensiert hatte. 2021 fragte ich Ilse van Staden in einem Interview für das amerikanische Literaturmagazin *World Literature Today* nach besonderen Aspekten des Schreibens auf Afrikaans, worauf sie antwortete, dass es die Neuheit der Sprache sei, die den Schriftsteller vor eine spannende Herausforderung stelle.

> Vielleicht ist Afrikaans als junge Sprache seinen Vorfahren immer noch sehr nahe, und das macht es flexibler, indem es noch immer wächst und sich weiterentwickelt. Afrikaans ist wie ein Kleinkind, das vorausläuft, um die Welt zu erkunden, aber dann zurückkommt, um noch einmal kurz die Hand seiner Eltern zu fassen. Afrikaans kann in die Vergangenheit ein- und wieder austauchen, in der Gegenwart herumtrödeln und vielleicht sogar einen Blick in die Zukunft werfen: dies im Gegensatz zum Englischen, für das die angelsächsischen Dialekte des fünften Jahrhunderts sowie Griechisch und Latein als etymologische Vorfahren sehr weit entfernt sind, wie verstaubte Ururgroßeltern. Möglicherweise spielt auch die reduzierte Grammatik und Struktur des Afrikaans eine Rolle. Die Worte sind sehr elementar, was bedeutet, dass der Dichter die Freiheit hat, sie zu ändern. Ein weiterer Aspekt des

Afrikaans ist seine ausgeprägte Tendenz zur Lautmalerei – ich denke, ein Großteil davon stammt aus den indigenen Khoisansprachen – und die Art und Weise, wie man mit zusammengesetzten Wörtern kreativ sein kann.

Im Gegensatz zu Afrikaans ist Deutsch eine Sprache, die sich über Jahrhunderte entwickelt hat, und dennoch empfand ich es als Übersetzer als ein ideales Vehikel für Ilse van Stadens Lyrik. Afrikaans ist eine germanische Sprache und verfügt über eine ähnliche morphologische Flexibilität wie Deutsch, welches die Fremdartigkeit von Ilse van Stadens Werk wirksam widerspiegeln kann. Was dem Afrikaans-Leser ins Auge fällt, fällt auch dem deutschen Leser ins Auge.

Ilse van Stadens erster Gedichtband *Watervlerk* erhielt die bedeutendsten südafrikanischen Literaturpreise, den Eugène-Marais-Preis und den Ingrid-Jonker-Preis, und es folgten vier weitere Gedichtsammlungen, ein Buch mit Kurzgeschichten und ein Roman, alle in Afrikaans verfasst. Ilse van Staden, die heute in Australien lebt, hat auch zwei Romane auf Englisch geschrieben.

Peter Constantine

Verzeichnis der Gedichttitel

Die Original-Gedichte in Afrikaans erschienen in den folgenden Ausgaben:

Watervlerk (Tafelberg, 2003): mens kan nie • selakant • here be dragons • gedig aan't kom • vlam • die afwesigheid van water

Fluisterklip (LAPA, 2008): heiligdom • Little Foot • verweer • droomfluistering • probeerslag • reis • grotpoel • nag

Die dood is 'n mooi blou blom (Pandora Boeke, 2009): terugkeer • op reis in 'n huis na die dood • moor • deur • stil-skap

Waar die oog van stil word (Protea, 2016): wat het geword van ikarus • bou jou skip • woestuin • patrone van stilte • borsharnas • selakant, weer

verveertaal (Imprimatur, 2023): slakkesibilant • droom • in die begin • kamerorkes, 'n oefening • só 'n naam • sterf • winterreën